DE
L'ORDRE SOCIAL
EN FRANCE,

PAR

M. D. MOLLARD,

ANCIEN INSPECTEUR GÉNÉRAL DES FINANCES.

PARIS,

BLONDEAU, IMPRIMEUR-ÉDITEUR,
RUE RAMEAU, 7, PLACE RICHELIEU.

HACHETTE, LIBRAIRE, RUE PIERRE-SARRASIN, 12

1840

DE L'ORDRE SOCIAL

EN FRANCE.

L'avantage d'un État libre est que les revenus y sont mieux administrés ; mais, lorsqu'ils le sont plus mal, l'avantage d'un État libre est qu'il n'y a point de favoris ; mais quand cela n'est pas, et qu'au lieu des amis et des parents du prince il faut faire la fortune des amis et des parents de tous ceux qui ont part au gouvernement, tout est perdu.

Montesquieu, *Grandeur et Décadence des Romains*, ch. 4.

Paris, Imp. d'Ad. Blondeau, rue Rameau, 7, place Richelieu.

DE
L'ORDRE SOCIAL
EN FRANCE,

PAR

M. D. MOLLARD,

ANCIEN INSPECTEUR GÉNÉRAL DES FINANCES.

———◦◦◦◦◦———

PARIS,

BLONDEAU, IMPRIMEUR-ÉDITEUR,

RUE RAMEAU, 7, PLACE RICHELIEU.

HACHETTE, LIBRAIRE, RUE PIERRE-SARRASIN, 12.

1840

DE L'ORDRE SOCIAL

EN FRANCE.

DISCOURS PRÉLIMINAIRE.

L'époque où nous vivons, époque de progrès et de grandeur, selon les uns, de décadence et de misère, selon les autres, est principalement remarquable par le malaise qui tourmente les sociétés humaines.

Affectée de ce malaise, plus particulièrement que les autres pays, la France, par les effets qu'elle en éprouve, voit ses intérêts de tout genre, ses intérêts généraux et individuels comme ses intérêts moraux et matériels, également compromis ou menacés.

Non moins affligé des maux que cette situation a déjà procurés au pays, qu'effrayé de ceux qu'elle peut lui préparer encore, j'ai tenté d'en rechercher les causes.

Comme il fallait, pour les trouver, expliquer la société tout entière, telle que l'avaient faite les idées nouvelles mêlées aux usages anciens, j'ai éprouvé, dans mon travail, les plus grands embarras. La majeure partie venait, sans contredit, de mon insuffisance ; mais beaucoup aussi tenaient à la complication de la matière, et j'y aurais probablement succombé si je n'avais eu l'intime conviction que, s'il existe quelques moyens de remédier à nos maux, ce n'est que dans les déductions rigoureuses d'une situation tout entière qu'on pourra les trouver.

Cette conviction, qui avait fait naître mon courage, en était le plus ferme soutien; et comme elle allait toujours en se fortifiant, j'en vins moi-même jusqu'à me persuader que, quelque imparfaite que fût la manière dont je remplirais ma tâche, je ferais encore une œuvre utile en ouvrant, aux bons esprits dont le pays abonde, une voie dans laquelle ils pourraient s'exercer.

J'eus alors à examiner si cet adoucissement, que je portais à la rigueur de mes obligations, n'était pas un piége de mon amour-propre ou un faux-fuyant de ma faiblesse. Pour m'en éclairer j'eus recours au raisonnement;

Et remarquant, au premier aperçu, que notre ordre social s'étant élaboré, par saccades, à travers des convulsions dont les annales des peuples n'offrent aucun exemple, il était matériellement impossible qu'il existât, entre les nombreuses et délicates parties qui le composent, cet accord sans lequel il ne saurait être, pour les nations, ni repos ni bonheur : que les circonstances, toujours entraînantes, n'avaient jamais été favorables pour une révision qui permît d'établir cet accord, et que même les hommes d'état les plus distingués que nous ayons eus, en leur supposant la capacité nécessaire pour accomplir ce grand œuvre, n'avaient jamais eu le temps ni l'occasion de s'y livrer;

Considérant ensuite que le défaut de cet accord et l'absence des bons principes qui doivent servir à son établissement, exerçaient sur les esprits une influence aussi funeste que les mauvais principes dont ils pouvaient être imprégnés;

Voyant enfin que les principales causes du malaise et de l'inquiétude des esprits se trouvaient dans cette double action qui constitue le genre d'ignorance le plus dangereux et le plus déplorable qui puisse exister;

J'ai reconnu que mes idées étaient justes : que les remèdes nécessaires à notre situation ne pouvaient se trouver que dans les déductions rigoureuses de son exposition tout entière, et que l'ébauche même de cette situation serait une œuvre utile.

Dès ce moment, mes incertitudes furent fixées : mon courage s'affermit, et je pris la résolution de mener à fin mes recherches en les classant sous le titre : DE L'ORDRE SOCIAL EN FRANCE.

C'est cet ouvrage que je soumets à la malignité des partis, des passions et des préjugés, comme à la sévérité des hommes impartiaux. Je le leur livre en toute confiance, parce qu'il a été fait en toute bonne foi. Peut-être trouvera-t-on que son titre est bien prétentieux. Je l'aurais choisi plus modeste si je l'avais pu ; mais le grand nombre de points auxquels il faut arriver ne m'a pas permis de le remplacer. Je prie seulement qu'on n'en prenne pas une idée trop élevée ; car le mécompte qu'on pourrait éprouver ne tournerait qu'à mon préjudice.

Mais la société n'existe que par l'homme et pour l'homme : dès-lors il serait aussi indiscret de parler d'ordre social avant d'être fixé sur l'homme et sur sa nature, qu'il le serait de traiter d'un ordre social en particulier avant d'avoir constaté l'état des hommes en société, la manière générale dont il s'y sont établis et les principaux développements qu'ils ont donnés à leurs facultés. C'est pourquoi j'ai résumé ces considérations dans deux chapitres que je vais d'abord exposer.

CHAPITRE PREMIER.

DE L'HOMME.

§ I. *De sa Naissance.*

L'homme naît au milieu des douleurs de l'enfantement. Sa première impression est la douleur; son premier besoin, la faim. Plus tard, il pourra, par son intelligence, par le travail et la peine, lutter contre ces deux ennemis attachés inséparablement à son existence; mais, en attendant, il leur est livré sans défense pendant toute la durée d'une enfance longue et débile, et il succomberait inévitablement à leurs atteintes, si les soins et les secours de la famille ne l'en préservaient pas.

La famille a donc existé en même temps que l'homme né de la femme.

La même loi qui fonde la famille, constitue la société par le rapprochement des familles et leur réunion, soit dans un même lieu, soit dans des lieux différents, mais sous les mêmes conditions.

Et les sociétés prennent indifféremment le terme générique de peuple ou de nation pour se distinguer entre elles.

§ II. *De ses Passions et de ses Facultés.*

L'homme naît donc pour vivre en société; et cependant il porte en lui des germes de passions et d'erreur qui l'empêcheraient d'accomplir cette loi de son être s'il ne parvenait pas à les comprimer.

De cette organisation défectueuse et contradictoire découlent,

pour l'humanité, la plupart des tribulations dont elle est affli-
gée. Le reste de ses misères lui vient du mal physique que lui
attire également la défectuosité de son organisation.

L'homme est à peu près impuissant contre le mal physique;
mais il est doué des facultés nécessaires pour combattre ses
passions et se défendre de l'erreur. Ces facultés, qui constituent l'être MORAL, résident dans l'homme, conjointement et
pêle-mêle avec les germes ennemis qu'elles sont destinées à
combattre, et avec toutes les autres facultés qui constituent
l'être animé ou ANIMAL.

Mais les facultés morales de l'homme diffèrent essentiellement de ses facultés animales en ce que ces dernières ont, pour
se produire, des organes directs et matériels, tandis que les
autres n'ont à leur disposition que des organes indirects et im-
matériels.

L'homme veut-il user de ses facultés animales : se mouvoir,
atteindre un objet quelconque, communiquer sa pensée, écouter, regarder, sentir; aussitôt ses jambes, ses bras, sa langue,
ses yeux, ses oreilles, son odorat, instruments dociles, se mettent en mouvement selon qu'il l'a conçu. Il en est même, parmi
ces instruments, qui préviennent et devancent sa volonté, et
qui, sentinelles attentives à sa conservation et à son bien-être,
lui portent des sensations qu'il n'a pas cherchées. C'est ainsi
qu'il n'a pas besoin de regarder pour voir, d'écouter pour en-
tendre, ni de flairer pour sentir.

Mais s'agit-il des facultés morales afin de comprimer les bouf-
fées de l'orgueil, les accès de l'envie, de la colère, de la gour-
mandise et de toutes les autres passions qui infestent l'humanité et qui traînent à leur suite les rixes, les haines, les
vengeances, l'homicide, le vol, les maladies et la mort, ce
n'est qu'à l'aide de la raison qu'il peut y parvenir.

Mais la raison, cette reine de nos facultés, ne revêt point des formes extérieures et palpables que nous puissions saisir et faire mouvoir à notre gré. Déposée en germe dans l'âme de chaque individu, elle n'éclot que par le travail que chacun fait, sur sa conscience, avec les lumières de son intelligence, et ne se développe qu'en proportion de ce travail. Ses premiers effets sont de rendre l'homme RAISONNABLE, en le mettant en état de discerner le bien d'avec le mal, le juste d'avec l'injuste, le vrai d'avec le faux. Bientôt après, se fortifiant et continuant ses progrès, elle le rend SAGE en créant en lui la prudence, la justice et la modération qui constituent la sagesse ; et finalement elle le rend VERTUEUX en lui montrant que la générosité, l'amour et la charité qu'il aura eus pour ses semblables, seront la source de ses plus douces jouissances pour le moment où il les pratiquera, et le gage de son bonheur futur par les récompenses et la réciprocité qu'ils lui mériteront.

Mais l'homme ne peut s'approprier ces avantages et se les rendre durables que sous la condition de cultiver sans relâche la raison dont ils émanent. Qu'il interrompe ce travail qui est à la fois simple et difficile, pénible et réjouissant, les passions n'étant plus assez fortement comprimées, ne tarderont pas à se raviver, et, dans cet instant fatal, il suffira d'un simple triomphe de l'une d'elles pour faire disparaître la sagesse à la suite de la vertu, pour obscurcir la raison et faire retomber l'auteur de cette négligence sous le joug des passions dont il s'était affranchi.

Ainsi, l'homme excite l'admiration ou l'effroi de ses semblables, et devient l'ornement ou l'opprobre de la société, selon qu'il domine ses passions ou qu'il est dominé par elles.

§ III. *De ses besoins et de ses appétits.*

Considéré dans ses rapports les plus absolus, l'homme veut essentiellement sa conservation et son bien-être. Cette disposition embrasse et résume son existence entière et devient la loi de son être physique et intellectuel; il ne conçoit ni une idée ni un désir, il ne fait ni un acte ni un mouvement qui ne fasse partie de cette loi ou qui ne tende à l'accomplir.

La conservation ne comprend pas seulement le salut ou la sûreté de la vie, mais encore la satisfaction des besoins de première nécessité, lesquels finissent là où ceux du bien-être commencent.

Le bien-être comprend autant de besoins matériels que de moraux, autant de besoins passagers que de permanents, autant de besoins factices que de réels, autant de besoins capricieux que de raisonnables.

On pourrait déterminer les besoins de la conservation parce qu'ils sont limités, mais non ceux du bien-être parce qu'ils sont infinis.

L'homme est-il inquiet de sa conservation : il ne songe plus à son bien-être; mais il est à peine rassuré que son bien-être lui redevient nécessaire, et il n'est que trop vrai que ce besoin s'accroît en proportion de ce qu'il se trouve satisfait.

Mais l'homme n'est insatiable, et par cela même inexplicable, que parce qu'il est perfectible. Ce sont les facultés dont il est doué, et les combinaisons dont il est susceptible, qui créent la plupart de ses besoins, excitent la plupart de ses désirs, enflamment ses passions; et, par une réaction naturelle, ce sont ces besoins, ces désirs et ces passions qui mettent ses facultés en mouvement et leur font atteindre leur plus grand développement.

Ainsi l'homme aurait constamment en lui tous les moyens d'être heureux si ses facultés étaient analogues à ses appétits; mais il n'en est point ainsi, car ses appétits sont infinis, tandis que ses facultés sont bornées.

Poussé par la violence de ses appétits et trahi par la faiblesse de ses facultés, l'homme pouvait se précipiter de dangers en dangers, tant envers son semblable qu'à l'égard de tout ce qui l'entourait ; et comme la force seule devait triompher dans ce débat, la sienne y aurait infailliblement péri. Pour le préserver de ce danger, LA LIBERTÉ lui fut donnée, et pour en régler l'usage, il reçut avec ce don L'INTELLIGENCE et la CONSCIENCE.

Libre alors de faire ou de ne pas faire, il connut la PRUDENCE, et voyant bientôt que, s'il pouvait faire tout ce qui lui était utile ou agréable, il devait ne pas faire à autrui ce qu'il ne voulait pas qui lui fût fait, il connut la JUSTICE.

Mais cette LIBERTÉ, qui n'est pour l'homme que l'imposition de la sagesse ou, en d'autres termes, que l'obligation de réprimer sans cesse ses appétits, loin de diminuer ses dépendances en quoi que ce fût, devint, au contraire, la plus forte de ses entraves.

CHAPITRE II.

DES HOMMES EN SOCIÉTÉ.

§ Ier. *De leur organisation sociale.*

Dès le commencement, les hommes péchèrent contre l'obligation de comprimer leurs passions et leurs appétits [1]. Soit par infirmité de leur nature, soit par ignorance ou par négligence de se prémunir contre les dangers de cette infirmité, ils échouèrent dans ce travail. Les inconvénients et les maux qui en naquirent furent d'abord restreints. Leshommes étaient peu nombreux: les pères de famille, qui nous sont connus sous le nom de patriarches, vivaient entre eux indépendants les uns des autres : ils s'étendaient sur la terre en portant leur établissement sur des points qui n'étaient pas encore occupés. Peu de besoins les tourmentaient, peu d'intérêts les divisaient. leur puissance sur la famille était entière : ils la gouvernaient selon leur volonté [2]. Dans cette situation, les passions manquaient d'aliment et s'amortissaient encore par la soumission dont chacun avait fait l'apprentissage et l'exercice dans la famille.

Mais la race humaine s'étant accrue au point de former une multitude de sociétés ou de nations, la puissance paternelle perdit de sa force en proportion de ce qu'elle s'étendit, et les hommes qui composaient ces sociétés, se trouvant tout à la fois

---

1 Caïn tue Abel.
2 Abraham va pour sacrifier Isaac son fils.

resserrés sur un territoire circonscrit, assiégés individuellement
et en commun de besoins qui n'étaient pas satisfaits, et préoc-
cupés d'intérêts incessamment contrariés ou bouleversés, les
passions et l'erreur firent irruption de toutes parts.

L'intérêt et le repos de tous commandèrent bientôt d'opposer
une digue à ce débordement toujours croissant. Pour y parvenir, on fit des lois qui déterminèrent les devoirs de chacun,
ainsi que les peines qui seraient attachées à l'infraction de ces
devoirs.

Là naquit la science sociale dont la substance réside essentiellement dans la connaissance parfaite de l'homme, et qui se
traduit dans des lois qui en sont l'expression finale.

Ces lois et leurs sanctions tirent leur moralité de la même
source. C'est parce que l'homme, en vertu des attributs
qu'il a reçus, est capable de juger ses actions et libre de
les commettre ou de s'en abstenir, qu'il peut être repris de
celles qui sont ou nuisibles à autrui ou contraires à l'ordre
établi. C'est par là seulement que les commandements de la
loi et les châtiments qu'elle prononce deviennent justes et lé-
gitimes. Sans cela, ces commandements ne seraient qu'une
horrible tyrannie, et ces châtiments qu'une odieuse violence.

Mais pour que la moralité des lois fût complète, il faudrait
que la spontanéité appartînt, à un même degré, aux passions
et à la raison. Or, il n'en est point ainsi. L'homme est
en proie à ses passions avant d'être accessible à la raison.
La colère fait bouillonner son sang et son bras frappe;
ou bien il désire les choses appartenant à son prochain et sa
main s'en saisit avant que sa raison puisse se faire jour.
Quand elle paraît, elle n'a pas seulement à se montrer, il faut
encore qu'elle débusque son ennemi pour se mettre à sa place
et agir ensuite. Mais alors le mal est fait, le meurtre ou le vol
est consommé, la peine de la loi est encourue. Nul, dans ce cas,

n'a besoin d'interprète pour juger son action; chacun la juge sainement lui-même à l'aide de sa conscience : il lui suffit de se demander s'il voudrait qu'on lui eût fait ce qu'il a fait à autrui, et la réponse de sa conscience lui indique infailliblement le caractère de son action. Nul ne s'y trompe et n'échappe aux remords de ses méfaits : tel fut Adam qui eut honte de lui-même après avoir péché, et tels ont été tous ses descendants après lui.

Fruit amer de la défectueuse organisation de l'homme, cette complication, qui met en péril la moralité des lois et de leurs pénalités, n'est qu'une obligation de plus pour le législateur. Puisque l'instruction que l'homme peut acquérir par lui-même, lui arrive trop tard pour le préserver de la faute et du châtiment, c'est au législateur à y pourvoir; c'est à lui d'inculquer aux hommes des générations présentes l'instruction qu'ont acquise à leurs dépens les générations passées; et de là naît pour lui le devoir de faire précéder le code de ses lois d'un code de morale qui, en facilitant aux hommes le développement de leur raison, puisse les préserver d'enfreindre la loi et de tomber sous ses coups. C'est ainsi que doit s'établir l'assimilation de la grande famille avec les familles partielles où le père instruit et prévient avant que de punir.

C'est par ce seul moyen qu'on peut, tout à la fois, remédier aux défectuosités de l'organisation des hommes, assurer aux lois toute leur moralité et conserver aux législateurs la paix de leur conscience.

L'esprit humain ne s'éleva pas d'abord jusque là, et par la suite il fut trop tard pour qu'il y atteignît.

Il ne vit, au premier aspect, que des crimes à punir : peut-être alla-t-il jusqu'à penser que la frayeur du châtiment arrêterait le coupable sur le point de commettre le crime; mais il s'arrêta là. Le code de la morale ne précéda point celui de la loi et, tranchons le mot, disons-le sans détour, la loi ne fut que brutale. Ce fut le législateur lui-même qui lui imprima ce caractère, sans qu'il fût possible aux hommes qui furent assujétis à la loi de le lui modifier plus tard, sous peine de se rendre infailliblement coupables du crime de rébellion.

Sur ces entrefaites, Dieu résolut de délivrer son peuple de la captivité de l'Égypte. Les sociétés contemporaines de ce grand événement formaient déjà des royaumes et avaient conséquemment des lois. Dieu, pour compléter ses bienfaits envers son peuple, lui donna, par les mains de Moïse, les tables de la loi qu'il avait rédigées lui-même. Cette loi était nécessairement parfaite par rapport à Dieu, comme tout ce qui vient de lui; mais par rapport aux hommes, auxquels il n'est pas donné de connaître cette sorte de perfection qui rentre dans les impénétrables décrets de la divinité, elle fut imparfaite de la même manière que l'organisation humaine, et elle le fut surtout par les motifs que nous venons d'exposer, en ce que nul code de morale ne la précéda ni ne la suivit. Le dernier commandement de cette loi, en défendant aux hommes de désirer la maison de leur prochain, ni sa femme, ni son serviteur, ni sa servante, ni son bœuf, ni son âne, ni aucune de toutes les choses qui lui appartiennent, sembla vouloir combler une portion de cette lacune, puisqu'il avait pour objet d'empêcher le crime en étouffant le désir qui le précède; mais, en examinant de près ce commandement, on voit qu'il n'est pas plus fort que celui qui défend le crime même, puisque l'un est de la même nature que l'autre, et l'on reconnaît finalement que tous les deux ensemble n'ont, sur les commandements analogues dictés par la raison de l'homme, d'autre avantage que celui d'être traduits en termes explicites.

Cependant la manière par laquelle Dieu donna sa loi à Moïse sur le mont Sinaï ne se perdit point dans l'oubli. Les sages, qui eurent par la suite à donner des lois à la Grèce et dans

Rome, se la rappelèrent et ne craignirent pas de l'imiter en feignant de tenir de leurs dieux ce qui n'était que leur propre
ouvrage. Il serait injuste peut-être de leur reprocher cette fraude
qu'ils ne commirent sans doute que dans l'intérêt de l'humanité, et pour ajouter au respect dont les lois doivent être entourées; mais il n'en est pas moins vrai que l'esprit humain en
reçut de nouvelles entraves, car la peine de l'impiété vint s'ajouter à celle de la rébellion pour frapper les critiques dont les
lois pourraient être l'objet.

Enfin Jésus-Christ apparaît au monde, portant avec lui cette
morale qui doit racheter les hommes de leur péché originel, c'està-dire les délivrer du joug de leurs passions et faire prédominer
la raison sur elles. Son premier soin est d'indiquer sa mission.
Dès qu'il se montre, il en marque nettement le but. « Ce n'est
« pas, dit-il, pour détruire la loi que je suis venu, mais pour
l'accomplir. » Sa doctrine, d'une éclatante vérité, frappe surtout par sa grandeur et sa simplicité : « Aimez le seigneur votre
« Dieu par dessus tout, et votre prochain comme vous-même, »
la voilà tout entière ; et de cette doctrine découlent, comme
d'une source intarissable, les fruits les plus exquis de la raison :
la prudence, la justice, la modération, la générosité, l'amour,
la charité et toutes les vertus qui peuvent rapprocher les hommes de leur Créateur en les rendant meilleurs.

Nul doute, nulle difficulté ne peuvent plus subsister, après
les développements de cette doctrine, sur la conduite que les
hommes, dans quelque circonstance qu'ils puissent se rencontrer, auront à tenir par rapport à eux ou par rapport aux autres. Tous les cas sont prévus : tous sont réglés à l'avance, non
par de fugitives formules que la mémoire puisse rendre vaines,
mais par des motifs qui pénètrent les cœurs et les esprits de
leur puissance inaltérable. L'homme est-il pauvre d'esprit, estil affligé, souffrant ou persécuté? Il doit s'en réjouir. Il ne doit

ni jurer, ni se mettre en colère, ni outrager son semblable, ni conserver des rancunes, ni plaider contre lui ; mais il doit s'accorder avec ses adversaires et même leur céder, pardonner les offenses qui lui sont faites, s'humilier pour être élevé, donner à celui qui lui demande, prêter à celui qui veut emprunter de lui, aimer ses ennemis mêmes ; en un mot, faire aux hommes tout ce qu'il voudrait que les hommes lui fissent.

Cette doctrine, qui avait pour objet de substituer à l'empire des passions celui de la raison, et aux faux dieux, que les hommes s'étaient créés, le culte du vrai Dieu, contenait deux principes distincts dont un seul aurait suffi pour changer la face du monde. Leur réunion faisait de leur prédication une entreprise des plus vastes, que l'ignorance et l'endurcissement des hommes rendaient encore des plus périlleuses. Jésus-Christ y succombe et reçoit avec résignation la mort ignominieuse qu'on lui a préparée ; mais sa doctrine ne périra pas avec lui : ses disciples se chargeront de la propager, et c'est dans Rome même qu'ils iront la prêcher.

Rome alors était au plus haut point de sa gloire et de ses prospérités. Parvenue, par des guerres continuelles, à confondre dans sa domination les royaumes de l'Orient, les républiques de la Grèce, l'Italie, les côtes de l'Afrique, les Espagnes, les Gaules, la Grande-Bretagne et une portion de la Germanie, elle était la maîtresse du monde, n'ayant pour voisins que des peuples barbares qu'elle ambitionnait moins de vaincre qu'elle ne dédaignait de les combattre. Déjà ses ardeurs guerrières, manquant d'aliment, s'étaient tournées contre elle-même : la guerre civile et d'horribles proscriptions avaient inondé de sang ses murailles et l'empire. Auguste venait d'en arrêter le cours. Maître du pouvoir suprême, à titre d'empereur, il avait changé la nature de ce pouvoir et transformé l'état démocratique des Romains en monarchique. Tibère, l'odieux Tibère, lui avait succédé par adoption, et régnait dans Rome au moment où Jésus-Christ mourut.

C'est dans ce moment que l'église chrétienne se forme. Les disciples en sont le noyau, saint Pierre est à leur tête. Le don des langues qu'ils reçoivent les met en rapport avec toutes les nations. Ils travaillent avec ardeur à répandre la doctrine de leur maître, et de proche en proche ils obtiennent des succès que la persécution ne peut abattre et que le malheur des temps favorise.

L'hérédité, qu'Auguste avait introduite dans la transmission du pouvoir suprême, ne peut se consolider. Les factions et les armées disposent tour à tour du trône impérial ; elles en précipitent les empereurs à mesure qu'ils cessent de leur plaire, et appellent à y monter ceux qui leur conviennent. Il arrive quelquefois que chaque armée nomme le sien, et le délire va même jusqu'à mettre l'empire à l'encan.

Le fréquent renouvellement de ces crises perpétue la guerre civile, ainsi que les proscriptions qui en sont la suite, et aboutit à plonger l'État dans le plus grand désordre. Il n'y a plus de triomphe que par la force brutale et pour elle. Les lois, la justice et l'humanité sont méconnues ou foulées aux pieds ; heureux encore lorsque les lois sont neutres, et que des juges corrompus et pervers n'en sont point armés pour opprimer l'innocence ou favoriser d'iniques projets. Dans cette confusion, la doctrine de Jésus-Christ, avec ses lois d'amour et de fraternité, apparaît comme un asile au fort de la tempête : les populations l'acceptent à l'envi, et bientôt elle atteint les confins de l'empire, qu'elle ne tarde pas à dépasser. Ce progrès, loin de calmer la fureur de ses ennemis, ne sert qu'à l'irriter. Ils imputent à l'Église nouvelle tous les maux de l'Empire, et la persécution redouble ; mais le sang des martyrs et la persistance des bourreaux ne font qu'en affermir les fondements au lieu de les ébranler.

Cependant les barbares, que Rome, par le seul effet de sa renommée, avait contenus jusque-là dans leurs limites, se disposaient à les franchir. Déjà les Persans avaient défait et pris l'empereur Valérien; Galien, son fils, qui lui succède à l'empire, s'adonne à la mollesse; aussitôt les peuples qui habitaient au delà du Rhin, du Danube et du Pont-Euxin pénétrent de toutes parts en Europe, tandis que les Scythes et les Persans envahissent l'Orient. L'empire en est inondé, et, pour comble de maux, trente prétendants divers, connus sous le nom de tyrans, aspirent à le gouverner.

Enfin l'empire se sauve des dangers qu'il a courus. Les barbares sont repoussés; et les tyrans s'étant la plupart entre-détruits, la direction de l'empire était revenue à un seul empereur, que tantôt le sénat et tantôt l'armée avait élu, lorsque Dioclétien, sous prétexte de la grandeur des affaires, mais en réalité pour rendre moins précaire l'existence du gouvernement, régla qu'il y aurait toujours deux empereurs et deux césars. Il nomma, pour être empereur avec lui, Maximien qui choisit pour césar Constantius-Chlorus, lequel devint empereur à son tour, et transmit à Constantin, son fils, les droits qu'il pouvait avoir à l'empire.

An. 312. Constantin, devenu empereur, embrassa publiquement le christianisme. Cette circonstance était de nature à faire naître pour le genre humain l'une des périodes les plus remarquables de son existence. L'union, entre la morale qui sanctifie les lois et les lois qui font respecter la morale, allait-elle enfin s'accomplir? ou bien la séparation qui avait existé entre ces deux parties rationnellement inséparables continuerait-elle à subsister? telles étaient les questions que soulevait naturellement la conversion de Constantin, et ces questions étaient aussi faciles à résoudre que le mode nécessité par leur solution était facile à mettre en pratique. Il suffisait en effet d'admettre cette incontestable vérité que la morale était le complément indispensable des lois, pour être conduit à reconnaître que le législateur devait s'en approprier les maximes, et que son obligation d'établir des écoles pour les enseigner n'était pas moins grande que celle d'instituer des juges pour appliquer les lois [1]. Cette solution n'était susceptible d'aucun inconvénient, et ne présentait au contraire que des avantages, car, d'une part, elle ne mettait aucun empêchement à ce que la morale, considérée comme le dernier terme des sociétés humaines, ne fût en même temps le point de départ et le fondement de la religion, et, de l'autre, elle séparait radicalement les choses d'ici-bas d'avec celles d'en-haut; ce qui prévenait à jamais toute espèce de conflit entre elles, en rendant toute espèce de contact impossible.

Nulle objection ne pouvait donc s'élever contre cette union, et tout commandait au contraire de la consommer sans retour; mais ce devoir ne fut pas compris, et cet égarement de l'esprit humain ne peut s'expliquer que par les changemens qui étaient survenus pendant les trois siècles écoulés entre l'avénement de Jésus-Christ et la conversion de Constantin. Au temps de Jésus-Christ, et même sous les apôtres, la morale était la partie dominante de toutes les prédications. Les hommes devaient s'entre-souffrir et s'entr'aimer : on ne leur demandait que de la charité. Si rien n'eût été changé, Constantin, adoptant cette morale, l'aurait infailliblement fait passer dans les institutions politiques et toute la difficulté aurait été pour toujours résolue ; mais les choses n'en étaient plus au même point. La morale n'était plus en relief comme au temps primitif : enveloppée dans les fon-

---

1 La *Gazette de France* du 25 mars 1857 s'est exprimée ainsi :

« Un avis du Conseil-d'État, qui prononce qu'il y a abus, est une censure mo-
« rale qui n'empêche nullement ceux qui sont les dépositaires des règles de la
« morale de se former une autre opinion que celle des interprètes de la légalité. »

dements de la naissante religion, on commençait à ne l'apercevoir qu'à travers des mystères que les sophismes et les hérésies obscurcissaient encore. La charité, déchue du premier rang qu'elle avait occupé, n'arrivait plus qu'en troisième ordre : la foi et l'espérance la devançaient ; et tandis que ces vertus exigeaient, de la part des hommes, l'abnégation la plus complète de leur raison, la charité continuait à leur en demander les développements les plus puissants.

Moins frappé de l'utilité de la morale qu'ébloui par le merveilleux des mystères, Constantin s'égara dans ces difficultés. Les Ariens niaient la divinité de Jésus-Christ : il convoqua, dans Nycée, en Bithynie, un concile où il prit séance et que présidèrent les légats de l'évêque de Rome, lequel prétendait déjà, comme successeur de saint Pierre, à la suprématie sur tous les évêques. Le concile condamna la doctrine des Ariens et proclama que Jésus-Christ était fils de Dieu, et Dieu lui-même consubstantiellement avec son père ; mais, au surplus, les lois restèrent dans la main des agents de l'autorité publique, séparées de la morale qui devait les sanctifier, et la morale resta dans les mains des prêtres, séparée des lois qui devaient la faire respecter.

Ainsi l'empereur devint chrétien sans profit pour les institutions politiques de l'empire, mais non sans perte pour elles, car l'autorité impériale, qui servit à convoquer le concile, alla s'anéantir dans son sein, puisqu'elle n'en dirigea pas les opérations.

De cette confusion sortirent deux contre-sens manifestes :

Par le premier, la MORALE, qui traite des devoirs des hommes entre eux et qui conséquemment est une affaire éminemment SOCIALE, et dont, par cela même, les pratiques doivent être OBLIGATOIRES de la part de chaque homme à l'égard des autres hommes, devint une affaire INDIVIDUELLE et FACULTATIVE, en ce sens que les hommes n'en entendirent presque plus parler que dans leurs relations confidentielles avec les prêtres;

Et par le second, la RELIGION, qui traite des rapports de l'homme à Dieu, et qui conséquemment est une affaire essentiellement INDIVIDUELLE, et dont par cela même les pratiques peuvent être FACULTATIVES à l'égard de chaque individŭ, devint une affaire SOCIALE et même OBLIGATOIRE, en ce sens que les lois et les institutions tendirent sans cesse à généraliser ses pratiques en les imposant à tous les hommes.soumis à leur empire.

Et de la complication de ces contre-sens avec les tentatives réitérées, soit pour réunir dans les mêmes mains ou subordonner à la même direction la puissance des lois et l'autorité de la morale, soit pour faire prédominer l'une sur l'autre, sont nées la plupart des convulsions dont les états chrétiens ont été si souvent et si long-temps agités, et du retour desquelles ils seront incessamment menacés tant que les causes qui les ont produites continueront à subsister.

§ II. *Du développement de leurs facultés.*

Cependant les hommes en société sont arrivés, par des voies diverses, à perfectionner leurs facultés et leur condition. L'usage a consacré de désigner ces perfectionnements sous le titre de CIVILISATION qui les embrasse tous, et c'est sous ce titre que nous allons essayer de les analyser.

La civilisation n'a marché d'un pas égal ni dans aucun temps ni chez aucun peuple. A la voir stationnaire ou variable, languissante ou vivace, en décadence ou en progrès selon les temps, les lieux et les hommes, on serait tenté de dire que, destinée à retracer l'existence des peuples, elle éprouve elle-même toutes les vicissitudes qui tiennent à la vie des individus.

Mon but ne saurait être de peindre ces mouvemens par l'effet desquels des peuples atteignent une civilisation très-avancée ou retombent dans la barbarie : il se borne à montrer la civilisation dans ses résultats les plus généraux, de manière à constater l'état où elle est parvenue par la comparaison des degrés qu'elle a eus à parcourir.

Sous ce point de vue, on peut considérer la civilisation comme présentant trois époques distinctes.

Dans la première, trouvant l'homme errant et se nourrissant à l'aventure d'herbes ou de graines, de chasse ou de pêche, elle lui suggéra de se fixer, de vouloir une existence moins précaire, et de se la procurer par un travail régulier. Là naquit la propriété, et avec elle le travail dont les avantages s'étendirent progressivement à toutes les nécessités et même aux agréments de la vie. Le travail étant ainsi établi, elle en favorisa le développement en ouvrant à ses produits superflus un débouché, d'abord par des échanges et ensuite par la création de la monnaie dont elle fit le signe représentatif de tous les travaux, de tous les produits et de toutes les valeurs. Et c'est ainsi que, après avoir créé la propriété, l'industrie agricole et l'industrie manufacturière, elle créa le commerce, fit ouvrir les routes, inventa la navigation et plaça l'homme dans cette situation où toutes les choses servant à son usage étaient le résultat de son industrie développée par son travail.

Dans la seconde, elle perfectionna son ouvrage en introduisant la lumière dans l'esprit des hommes. Les lettres et les sciences, après avoir brillé çà et là, s'étaient éteintes partout : elle les raviva, et tout ensemble pour les préserver d'une éclipse nouvelle et les généraliser, elle inventa l'imprimerie. Elle poussa les navigateurs loin des parages qu'ils fréquentaient, et le Nouveau-Monde fut découvert pour accroître les jouissances et le commerce de l'ancien. Finalement elle couronna ses bienfaits en créant la division du travail et le crédit. Par la division, le travail se perfectionna et se diversifia; par le crédit, il s'étendit et se multiplia autant par les aliments qu'il en reçut que par la facilité qu'il en retira pour ses débouchés.

Dans la troisième, qui est celle que nous parcourons et qu'il est impossible de caractériser parce qu'elle ne fait que de commencer, les progrès surprenants de la civilisation ont éveillé tous les appétits de l'homme qui lui demande des progrès plus surprenants encore. Le travail de l'homme avec ses variétés et ses perfectionnements infinis ne suffit plus à l'homme. Il ne va ni assez vite ni assez loin pour son insatiabilité. Il lui faut en tout des procédés nouveaux, des méthodes nouvelles dans les arts comme dans les sciences, dans la morale comme dans la législation; les substances, les éléments eux-mêmes ne lui suffisent plus dans leur forme; il les décompose, il les pressure en tous les sens, il en rapproche les parties les plus contraires pour en tirer des combinaisons nouvelles. Le bouleversement des empires et l'ébranlement de la morale, le gaz et la vapeur, les machines et les grands ateliers à précaire existence, les séditions et les chemins de fer, les armées innombrables et les dettes publiques accablantes sont sortis de ce premier enfantement. Qu'en sortira-t-il encore?

Dans la première époque, la civilisation a rendu l'homme laborieux; dans la seconde, elle l'a rendu actif, industrieux, éclairé; dans la troisième, comment le rendra-t-elle? Il n'est pas possible d'asseoir une conjecture raisonnable sur cette question, dont la solution dépend de trop de données diverses: mais on peut dire quant à présent qu'elle l'a rendu avide; et comme l'avidité de chacun est comprimée par celle de son voisin, tous sont inquiets.

CONCLUSION.

Il résulte des considérations qui viennent d'être exposées :

1° Que l'homme naît avec une nature imparfaite et que son organisation est défectueuse, et compliquée.

2° Que, sans cesse en butte à la douleur, aux besoins de toute espèce, à la fougue de ses passions, au déréglement de ses appétits, à la malice et aux embûches de ses semblables, il doit puiser dans sa raison et dans la modération qu'elle lui prescrit ses principaux moyens de salut ;

3° Que cette tâche, hérissée de difficultés à cause de l'imperfection de sa nature, doit lui être facilitée par une éducation spéciale ;

4° Que la Liberté, qu'il tient de la nature, est un droit sans doute, à l'égard de toutes personnes[1] qui prétendraient l'asservir et subordonner son sort ou ses mouvements au caprice de leurs volontés ; mais que, hors le seul cas d'un pareil asservissement, cette liberté, loin d'être un droit dont il puisse se prévaloir, est, au contraire, la charge la plus rude qui ait pu lui être imposée, puisqu'elle ne lui a été donnée que pour faire toujours BIEN et jamais MAL ;

5° Que les lois, par leurs commandements et leurs pénalités,

---

[1] Autres que ses père et mère.

sont insuffisantes pour conduire l'homme dans cette voie ; que la morale seule peut l'y faire entrer avec succès, sauf ensuite à l'y maintenir par le double moyen de la morale et des lois;

6° Que la morale, la plus convenable au bonheur de l'homme, est celle qui lui apprend le mieux à comprimer ses passions et à modérer ses appétits, et que toute morale opposée serait aussi contraire à l'harmonie de la société qu'au bonheur des individus ;

7° Que la morale doit être une affaire sociale, en ce sens que l'enseignement de ses maximes soit spécialement commis à la garde et à la surveillance des agents de l'autorité publique qui sont les dépositaires des lois, parce que, si les sociétés peuvent admettre des croyances diverses en matière de religion, il ne saurait en être de même en matière de morale;

8° Enfin, que tous les perfectionnements que les hommes peuvent porter à leurs facultés ne tournent pas nécessairement au profit de leur condition, puisque ceux qu'ils ont obtenus en dernier lieu n'ont abouti qu'à les plonger dans l'inquiétude, en développant en eux l'AVIDITÉ qui, de tous les ennemis de la condition humaine, est sans contredit le plus grand ; par où l'on arrive, en dernière analyse, d'accord avec le sens commun, à reconnaître cette double vérité qui est pénible à dire, mais impossible à taire : *Que toute prétention ayant pour objet d'obtenir un progrès indéfini n'est pas seulement une absurdité chimérique, mais encore une folie dangereuse, et que tout perfectionnement quelconque ne doit être admis, dans l'intérêt de chacun et conséquemment dans l'intérêt de tous, qu'avec la plus grande circonspection, c'est-à-dire, lorsqu'il aura été reconnu pour un perfectionnement réel.*

INTRODUCTION

ET

PLAN DE L'OUVRAGE.

L'ORDRE SOCIAL, chez un peuple quelconque, dès qu'il est pourvu d'une organisation quelle qu'elle soit, se compose de tout ce qui a contribué et de tout ce qui contribue à créer et entretenir l'existence et le mouvement de la société. Il embrasse conséquemment tout CE QUI EST dans cette société.

Mais cette définition, à peine admissible pour le langage ordinaire, ne saurait suffire pour arriver à l'appréciation raisonnée d'un sujet aussi compliqué. Il la faut nécessairement plus précise et plus détaillée, non-seulement pour faire ressortir les diverses parties dont ce sujet se compose, mais encore pour étudier méthodiquement chacune de ces parties, dans son rapport avec l'ensemble, sans les isoler ni les confondre.

Le moyen le plus simple et le plus sûr de trouver

cette définition, est de considérer les hommes dans l'état de société, et la manière dont ils y vivent. Or, les hommes en société se présentent sous trois aspects dif-férents, et seulement sous ces trois aspects.

PREMIÈREMENT.

Ils vivent à côté les uns des autres, dans des rapports résultant de leur nature modifiée par les usages de leur pères, par les lois de leur pays ou par leurs propres conventions. Ces rapports, qui lient les hommes entre eux en les rattachant à la Divinité dont ils émanent et à la société dont ils font partie, constituent les mœurs publiques qui comprennent toutes les habitudes naturelles ou acquises de la population, et que j'appelle L'ORDRE SOCIABLE.

DEUXIÈMEMENT.

Ils vivent sous un SYSTÈME POLITIQUE quelconque et sous les lois qui dérivent de ce système.

Tout système politique a pour destination finale de résumer les conditions principales de l'association ou de l'agglomération sociale. Chaque peuple a le sien exprès ou tacite, qui naît, se développe ou se modifie avec lui. Ce système, quel qu'il soit, a pour condition essentielle de définir la souveraineté, ainsi que les droits et les devoirs des individus, de constituer le POUVOIR SOUVERAIN OU LÉGISLATIF, en réglant l'exercice du droit de législation, et de fonder le POUVOIR EXÉCUTIF qui doit assurer l'exécution des lois et procurer à la société la paix et la sûreté. Ce système peut varier dans les modes par lesquels il remplit cette grande destination. Susceptible d'une infinité de combinaisons, il peut déférer le pouvoir souverain à des corps ou à des individus ou même à des corps et à des individus tout ensemble; le déléguer à un de ces corps ou de ces individus ou à plusieurs; conférer, aux uns la proposition, et aux autres l'acceptation des lois; confier ce pouvoir pour un temps, ou le donner pour toujours; faire dépendre sa continuité de l'hérédité ou de l'élection; y réunir le pouvoir exécutif ou l'en séparer, et resserrer ou élargir les droits et les devoirs des individus. Il peut également varier dans les formes de son établissement : être admis de confiance ou consenti par des adhésions réfléchies; être introduit par la ruse ou imposé par la violence; être expliqué dans des chartes et des constitutions, ou n'exister que dans la mémoire des hommes et ne se conserver que par la tradition. Enfin, ce système, primitivement établi d'une certaine manière, peut être changé dans quelques unes ou dans la totalité de ses parties, et en venir même jusqu'à sanctionner des dispositions diamétralement opposées à celles qui existaient précédemment; mais de tels changements, de quelque manière qu'ils arrivent, soit qu'ils viennent du côté des pouvoirs établis pour agrandir leurs prérogatives ou même pour les restreindre, soit qu'ils viennent du côté des individus pour augmenter leurs droits ou pour diminuer le nombre ou la rigueur de leurs devoirs, ne doivent être faits qu'avec la plus extrême circonspection, parce qu'ils entraînent toujours avec eux d'immenses dangers qui prennent également leur source et dans le bouleversement occasionné par les destructions qu'on opère, et dans la difficulté de consolider ce qu'on y substitue.

Les lois sont : ou politiques, ou civiles, ou criminelles et pénales.

Les lois politiques déterminent les divers modes par lesquels les individus doivent jouir de leurs droits et s'acquitter de leurs devoirs sociaux. Elles créent l'administration publique pour exister sous la dépendance du pouvoir exécutif qui accomplit, par elle, sa destination. Elles définissent les comptes que ce pouvoir, qui est lui-même dépendant par sa nature, doit rendre, de ses actes, au souverain. Elles fixent les dépenses qui doivent être faites aux frais de tous, et fondent les impôts qui doivent y faire face.

Les lois civiles ont pour objet de fixer l'état civil des individus, de régler leurs rapports et leurs transactions entre eux, et, en cas de différend, d'établir le mode suivant lequel il sera vidé.

Les lois criminelles et pénales sont le complément des lois politiques et civiles, tant pour punir les infractions qui pourraient être faites à ces lois, que pour opérer la répression ou procurer la réparation des dommages qui pourraient être faits à la société ou aux individus, soit dans leur corps, soit dans leurs biens.

Ces LOIS, en ce qui concerne leur formation et leur existence : le POUVOIR LÉGISLATIF qui les prononce, le POUVOIR EXÉCUTIF qui doit les faire exécuter, et le SYSTÈME POLITIQUE duquel tout cela découle, forment ce que j'appelle L'ORDRE POLITIQUE.

TROISIÈMEMENT ENFIN,

Ils vivent sous l'autorité des agents de l'administration publique qui sont préposés pour être les organes des lois, et qui sont chargés, en cette qualité, d'assurer à chacun la jouissance de ses droits et de réclamer de chacun l'accomplissement de ses devoirs.

Ces LOIS, en ce qui concerne leur exécution, et ces AGENTS, en ce qui concerne tant leur INSTITUTION que les MODES qu'ils adoptent ou qui leur sont prescrits pour assurer l'exécution des lois, sont ce que j'appelle L'ORDRE ADMINISTRATIF.

La réunion de ces trois ordres, qui sont l'ordre sociable, l'ordre politique et l'ordre administratif, compose L'ORDRE SOCIAL chez un peuple quelconque.

Et les peuples, ainsi constitués, tiennent leur rang et vivent, parmi les autres peuples, à peu près comme les individus vivent entre eux, avec cette différence cependant que les individus sont assujettis à des lois qu'on parvient à leur appliquer, s'ils ne les observent pas d'eux-mêmes, tandis que les peuples, liés par le droit des gens et par leurs traités, ne s'y conforment qu'autant qu'ils y trouvent leur intérêt ou leur satisfaction, sans pouvoir y être contraints autrement que par la force; auquel cas ils opposent la leur.

Tout ordre social suppose nécessairement une certaine science qui lui est propre et se confond avec lui comme ayant suivi toutes les phases de son existence en présidant à son établissement et à toutes les modifi-

Des conditions nécessaires pour juger d'un ordre social.

cations qu'il a pu subir. Cette science, qui s'éloigne ou se rapproche plus ou moins des règles tracées par la véritable science sociale, n'est point cette dernière science et en diffère même essentiellement. Celle-ci, toute en principes, indique ce qui doit être fait selon les circonstances ; celle-là, toute d'application, annonce ce qui a été fait dans les cas qui se sont présentés. L'une demeure immuablement debout avec ses principes, ses règles et ses exceptions ; tandis que l'autre, variable selon les circonstances, disparaît, à mesure qu'elles se développent, pour aller s'incorporer à l'histoire nationale dont elle devient le plus précieux et le plus solide aliment. C'est ainsi que, pour examiner avec fruit l'ordre social d'un pays, c'est-à-dire CE QUI EST, il faut, de toute nécessité, connaître deux choses : d'une part, l'histoire de ce pays afin de savoir CE QUI A ÉTÉ, et, de l'autre, la science sociale ou tout au moins la science politique qui en est l'une des principales branches, afin de savoir CE QUI DOIT ÊTRE. Or, ni l'une ni l'autre de ces deux choses n'existe pour nous.

L'histoire, si pleine de guerres et de paix, de batailles et de complots, d'intrigues et d'anecdotes, est, en fait d'ordre social, et même en fait d'ordre politique, muette, incomplète ou mensongère, et, dans tous les cas, insignifiante.

Privée de cet élément indispensable, la science sociale n'a pu s'établir. Elle n'existe pas ; et, par une conséquence nécessaire, la langue destinée à reproduire cette science est encore à créer.

Tout le monde s'entend sur les sciences usuelles,

parce que ces sciences sont formées et plus ou moins perfectionnées. Veut-on parler de la rose, de ses espèces et de leurs variétés; qu'on présente le mot ou la fleur, on sera également entendu. Il devrait en être de même en fait d'ordre social; mais loin qu'il en soit ainsi, personne ne peut dire aujourd'hui, de manière à être entendu par des mots consacrés qui correspondent à des choses clairement définies, ni quels furent l'ordre politique et la royauté qui nous ont régis pendant treize siècles, ni quels ont été les gouvernements qui les ont remplacés, ni même quelle est la signification précise du mot gouvernement.

Et cependant tout se tient dans ce monde. Notre situation d'aujourd'hui dépend ou résulte de celle de la veille aussi invinciblement qu'elle influera sur celle du lendemain.

Plein de cette conviction et reconnaissant qu'un fait quelconque, dès qu'il est accompli, prend sa place dans la chaîne indestructible du passé, et qu'il exerce également son action, soit qu'on favorise ou qu'on contrarie le développement de ses conséquences naturelles, j'ai dû admettre:

Que, privés comme nous le sommes, par les vices de l'histoire, de connaître CE QUI A ÉTÉ, et ne sachant pas, à défaut de la science, CE QUI DOIT ÊTRE, nous étions réellement dans l'impossibilité de juger CE QUI EST;

Que ce qui est, c'est-à-dire notre ordre social tout entier, sans même en excepter ses parties les plus difficiles, échappant, de cette manière, à toute déduction rigoureuse, tombait sous le libre arbitre de chacun, pour y être jugé selon son goût, son sentiment ou son caprice, sans qu'aucun d'eux eût un moyen quelconque de faire prévaloir sa manière de l'envisager ;

Et que, de ce point, qui consacre la dégradation de notre raison, partaient tous les désordres intellectuels qui ont mené à leur suite tous les désordres matériels dont nous avons été les témoins ou les victimes.

Si ces considérations sont vraies, il n'y a qu'un moyen d'en préparer le remède : c'est de réunir et de coordonner les lambeaux de notre histoire, afin de re-composer un passé dont le présent dérive ou participe inévitablement.

Quand nous en serons là, et que nous connaîtrons CE QUI A ÉTÉ, déjà bien des doutes et des difficultés seront levés par ce seul fait. Il nous faudrait alors les secours de la science pour savoir CE QUI DOIT ÊTRE, et le comparer à CE QUI EST ; mais si la science ne peut s'improviser, on peut la suppléer. On peut, en attendant qu'elle se forme et qu'elle obtienne la sanction qui la constitue, la remplacer par la droite raison dont le grave langage ne sera plus controversé quand il s'appuiera sur les fondements de l'histoire.

Dans cette ligne d'idées, la seule qui soit rationnelle et qui puisse conduire à des résultats, il faut indispen-sablement remonter jusqu'à l'établissement du système féodal qui fut le système politique introduit par les Francs au moment de la conquête, non parce que ce système fut, en quelque sorte, le contemporain de notre ère, quoique, à ce titre seul, il fût digne de toute notre attention, mais parce qu'il a été la souche de tout ce qui a existé dans notre ordre politique jusqu'en 1789, de la même manière que l'ordre politique existant à cette époque a été la cause de la révolution dans les conséquences de laquelle nous sommes encore engagés.

Plus j'ai réfléchi sur ces raisons, plus j'en ai reconnu la puissance ; et néanmoins j'ai trouvé des esprits éclairés qui n'en ont point été convaincus. Dissimuler leurs objections serait une faute que je ne commettrai pas. Objections contre ces conditions.

« Non, non, ont dit les uns, il n'existe point de liai-
« son entre les affaires du présent et celles du passé :
« 1789 l'a rompue et bien définitivement rompue.»

« A quoi bon, ont dit les autres, remonter jusqu'au
« système féodal ? Ce système n'est-il pas jugé sans re-
« tour ? Ne savons-nous pas tous qu'il naquit de l'abus
« de la force, et qu'il ne fut pour l'humanité qu'une
« cause d'oppression et d'avilissement ? qu'avons-nous
« besoin d'en savoir davantage ?»

« Vous ne parviendrez pas à recomposer le tableau
« de ce système, ont ajouté quelques érudits, » en se fondant sur les efforts impuissants que les meilleurs esprits avaient faits jusqu'alors pour y réussir.

Ainsi l'on prétendait, d'une part, qu'il était inutile de chercher la connaissance de ce système, et de l'autre qu'il était impossible de l'obtenir.

Ceux qui en soutenaient l'inutilité disaient avec Vol-
taire : « On n'a perdu que trop de temps à descendre
« dans ces abîmes de ruines,» et ils ajoutaient: «Lais-
« sons là ces odieuses vieilleries dont nous n'avons que
« faire, et continuons à porter toute notre attention sur

« le présent, afin de procurer aux institutions qui en
« sont nées tous les progrès dont elles sont suscep-
« tibles. »

Ceux qui en alléguaient l'impossibilité se fondaient
sur les considérations suivantes : « Le système féodal,
« établi par les Francs au moment de la conquête, n'a
« pas eu, disaient-ils, des historiens contemporains, ou,
« s'il en a eu, leurs écrits ont été perdus ou détruits, et
« il n'en est point arrivé jusqu'à nous. Depuis le XVme
« siècle, où l'on dégagea de ce système le droit civil, qui
« y etait renfermé aussi bien que le droit politique, les
« meilleurs esprits n'ont cessé de s'en occuper sans
« pouvoir s'accorder. Montesquieu lui-même, qui en a
« tant parlé, ne l'a point éclairci. Comment ésperer
« d'être plus heureux aujourd'hui ? »

Réponse aux objections.
Quelque décourageantes que fussent ces prétentions,
je ne m'en laissai point abattre. Et d'abord,

A ceux qui arguaient de l'impossibilité, j'opposais
les considérations suivantes :

Pour que l'impossibilité de connaître jamais le système féodal pût être fondée sur l'excellence des esprits
qui s'en seraient occupés inutilement jusqu'à nous, il
faudrait admettre premièrement que ces esprits supé-
rieurs auraient trouvé tous leurs matériaux réunis, et
en second lieu, qu'ils auraient eu une parfaite liberté
de les disposer selon leur jugement : or, rien de tout
cela n'a existé.

Lorsque l'esprit humain essaya de secouer son ignorance, et qu'on voulut connaître l'histoire du système
féodal qui avait embrassé l'homme tout entier, ce fut

dans un nombre infini d'actes de toute nature, dispersés de toutes parts, ensevelis sous la poussière des siècles, cachés sous des formes qui n'étaient plus connues, et présentant une même chose sous des traits variés, qu'il fallut rechercher les élémens de cette histoire. En songeant à toutes les difficultés attachées à cette entreprise et en résumant toutes les qualités qu'il était nécessaire de posséder pour la mener à fin, on conçoit sans peine que le plus grand nombre des écrivains qui s'en sont occupés soient restés au-dessous de leur tâche, et qu'ils aient passé à côté de la verité qu'ils cherchaient sans l'apercevoir. Quelques autres furent plus heureux sans doute ; mais, pour eux, à la difficulté d'avoir trouvé la vérité succéda le danger de la dire. La disgrace encourue par Mézerai et Baluze, pour avoir soulevé un coin du voile dont elle était couverte, indiquait assez l'imminence de ce danger à l'égard de ceux qui auraient osé la découvrir tout entière. Ils durent donc user de prudence et surtout de réserve ; et c'est ainsi que les contradictions de tous les écrivains, ou le défaut d'accord entr'eux, s'expliquent naturellement par l'insuffisance des uns et la contrainte des autres.

Les incertitudes que Montesquieu a laissé subsister au sujet de ce système s'expliquent à peu près de la même manière. Ce beau génie avait incontestablement plus de moyens qu'il n'en fallait pour les résoudre, et les explications qu'il a données ne permettent pas de douter qu'il n'eût trouvé la verité. Mais, quand il fallut la dire, l'extrême circonspection dont il s'était fait une loi ne le lui permit pas. Il y a plus : ce motif n'aurait pas existé pour lui, qu'il ne l'aurait pas dite encore. Enthousiaste comme il l'était de la noblesse, au point de regarder comme injurieux pour les grandes maisons de France et les trois races de nos rois, un système d'après lequel il y aurait eu un temps où elles auraient été des *familles communes*, jamais il n'aurait consenti à découvrir l'histoire de cette noblesse pour montrer ses griefs tantôt envers la royauté, tantôt envers le clergé, et tantôt envers le peuple, pas plus qu'il n'aurait voulu tracer celle de la royauté pour en exposer les griefs, qui n'étaient pas moins graves que ceux de la noblesse.

Il résulte de ces explications que si l'imperfection des auteurs doit être attribuée à la difficulté de la matière qu'ils avaient à traiter, elle doit l'être aussi à des circonstances qui étaient étrangères à cette difficulté, et qui ont concouru à la rendre insurmontable. Ces circonstances n'existent plus aujourd'hui, et non seulement nous n'éprouvons aucune des contraintes sous lesquelles nos prédécesseurs ont dû fléchir, mais encore nous avons pour nous les matériaux qu'ils ont recueillis, les progrès que l'esprit humain et la critique ont faits depuis qu'ils ont écrit, et les lumières que près de cinquante ans de dissensions politiques nous ont données. Avec ces avantages, loin de déduire du passé une impossibilité quelconque, il faut reconnaître au contraire que l'époque actuelle est, plus qu'aucune autre, en état de résoudre la difficulté qui nous occupe, en rectifiant l'histoire de notre pays et en comblant les lacunes qu'elle présente.

L'objection relative à l'impossibilité étant ainsi résolue, il nous reste à examiner celle qui s'applique à l'inutilité.

Une foule de bons esprits sont persuadés que la connaissance du passé est aussi inutile, actuellement, à l'arrangement de notre ordre social, qu'elle l'a été dans toutes les autres époques de la révolution. Comme je fonde sur la démonstration du contraire une grande partie des succès de mon travail, je ne me bornerai pas à donner cette démonstration : je la completterai par l'exposé des maux qui nous sont venus de l'erreur que j'aurai combattue, et j'établirai que, s'il y a quelques moyens de remédier à ces maux, qui ne sont pas les moindres de ceux que nous avons à guérir, c'est de la connaissance du passé que les plus efficaces peuvent nous venir.

La perfection de tout ordre social consiste dans l'harmonie des lois et de leur mode d'application avec le système politique, et de celui-ci avec les mœurs et l'esprit des populations qui sont soumises à son action. Quand cette harmonie existe, les hommes trouvent, dans leur état de société, la plus grande somme de bonheur qu'ils puissent en retirer. Ce bonheur diminue si l'harmonie s'altère ; il disparaît dès qu'elle est détruite. Les inquiétudes et le malaise surviennent, et le peuple est malheureux ; mais ce malheur, qui ne se réalise qu'en proportion de ce qu'il est senti, ne lui deviendra complétement funeste, par les conséquences qu'il entraînera, que lorsque la discussion et la critique, s'introduisant dans les esprits, lui feront voir les vices de ses institutions, et les lui rendront intolérables au point de lui faire répudier brusquement les lois qui l'auront régi et les habitudes dans lesquelles il aura vécu.

De tous les maux qui sortiront alors de cet anéantissement des lois et des habitudes, le moindre sera l'anarchie, parce que cette anarchie, inévitable dans les premiers moments de cet anéantissement, sera nécessairement de courte durée ; mais les grands, les véritables maux qui en résulteront, parce qu'ils seront persistants et qu'il est impossible à l'esprit humain d'en mesurer le terme, seront dans la difficulté de reconstituer ce peuple, de lui donner des lois qui soient en harmonie avec les habitudes nouvelles qu'il se créera, et de vaincre les obstacles que les passions, l'ignorance et la mauvaise foi ne manqueront pas de susciter contre la formation de ces lois et leur exécution.

Les lois, pour être bonnes et durables, doivent être fondées sur les mœurs publiques. S'il en était autrement, les lois qui seraient bonnes pour la France le seraient aussi pour le Japon. Or il n'existe pas de mœurs nouvelles au moment où les anciennes viennent d'être répudiées : œuvre du temps, elles ne viendront que par la suite. Un peuple tout entier ne fait pas à bas bruit l'apprentissage de la liberté, tandis qu'il exécute au grand jour tous les mouvements de l'esclavage. Il s'indigne de sa situation : il veut en sortir, il en sort ; mais ni ses esprits ni ses manières ne sont disposés pour la situation nouvelle dans laquelle il entrera.

La base nécessaire manquera donc, dans les premiers temps, aux lois nouvelles, et, au lieu d'être fondées sur les mœurs, ce seront les lois, au contraire, qui seront chargées de créer les mœurs.

Dans cet ordre renversé, il faudrait que la loi sortît parfaite du cerveau du législateur ; et encore, heurtant de front chaque individu, les étonnant tous, en contrariant plusieurs, courrait-elle le risque d'être viciée dans son exécution, qui serait nécessairement laborieuse et d'autant plus embarrassée qu'elle serait remise en des mains, si non inhabiles ou ennemies, du moins inexpérimentées.

Mais la loi ne saurait être émise dans cet état de perfection. Indépendamment de toutes les difficultés inhérentes à sa formation, l'opposition inévitable qui viendra de la part de ceux qui profitaient des abus de l'ancien régime, se fortifiant de toutes les erreurs et de toutes les divisions qui naîtront parmi les hommes parvenus en commun à renverser ce régime, suffirait pour empêcher cette perfection d'avoir lieu. Mais il y a une considération plus puissante encore qui démontre l'impossibilité de l'obtenir. La loi ne pouvant pas résulter de données positives, les passions, les intérêts et les sophismes de tout genre parviendront d'autant plus aisément à la vicier que sa formation sera, par le défaut de bases nécessaires, une affaire de hasard ou de caprice.

La loi sera donc imparfaite et son exécution sera difficile.

L'esprit de discussion et de critique, dont les progrès sont plus faciles que ceux des travaux d'action ou de coopération, découvrant ces imperfections et ces difficultés, s'en emparera pour les grossir, les présentera sous toutes leurs faces, les comparera, pour en augmenter l'amertume, à ce que l'ancien régime avait de moins imparfait, et l'opposition s'en accroîtra ;

Et la licence s'enhardira d'autant.

La résistance amènera la violence qui changera l'esprit des lois nouvelles ;

Et la violence, à son tour, amènera l'injustice et l'oppression.

Et quand ce peuple, après bien des souffrances, pourra se dégager de ce régime violent, et qu'il rentrera dans un système plus modéré, il ne sera pas plus avancé que le premier jour, parce qu'il n'y aura pas entre ses mœurs et ses lois plus de rapport qu'auparavant.

Et dès que les premiers moments donnés à la satisfaction d'être délivrés du régime violent seront passés, l'opposition et la licence reprendront leur rôle, et mêlant à leurs déclamations, qui ne séduiraient personne, quelques vérités sur l'imperfection des lois et la difficulté de leur exécution, qui seront accueillies d'autant plus favorablement que le défaut de rapport entre les mœurs et les lois y aura disposé le grand nombre, elles recomposeront une masse de mécontentements et de résistances qui nécessiteront un nouveau changement de régime.

Et celui qui sera substitué à l'autre, accueilli d'abord et bientôt après poursuivi comme le précedent, finira de la même manière que celui-là.

Et cette intermittence se renouvellera par intervalles, jusqu'à ce qu'enfin les lois se rencontrent en rapport avec les mœurs : ce qui arrivera sans doute ; mais qui sait quand, et comment ?

Tel est le sort que l'austère raison et l'irrésistible force des choses réservent impitoyablement à tout peuple mal gouverné, qui, pour se défaire de son mauvais gouvernement, sera contraint à répudier brusquement ses lois et ses habitudes.

Ce malheur nous arriva dans toute son étendue en 1789. Nous subissions un régime humiliant et oppressif. Ce régime, plus digne de mépris que de haine à force d'être stupide, n'avait jamais été qualifié ni dénommé : il était connu sous le nom de régime féodal, qu'il avait usurpé en se substituant à celui-ci par la ruse, la fraude et l'injustice. Un moment vint : c'était la nuit du 4 août, nuit à jamais mémorable, où les oppresseurs, guidés par un sentiment généreux, convinrent avec les opprimés d'abolir les SERVITUDES et les PRIVILÉGES. En prononçant tous, d'une voix unanime, cette abolition, les uns crurent avoir fait un acte de générosité, les autres un acte de justice, et tous se trouvèrent, au grand étonnement de la plupart d'entr'eux, avoir opéré la révolution la plus grande et la plus complète qui eût jamais étonné le monde ; car les deux mots sur lesquels ils venaient de se prononcer étaient des principes, et ces deux principes étaient les seuls étais de ce régime qui s'écroula tout entier, dès que ces deux étais lui furent retirés, sans qu'il y eût possibilité pour personne d'en conserver le moindre vestige.

Un peuple entier se trouva tout à coup dans une situation où un seul homme, jouissant de ses facultés, n'a jamais été vu et ne saurait se rencontrer. Un homme sans passé, et conséquemment sans expérience aucune, qui ne saurait pas que le feu brûle, que l'eau désaltère, que les spiritueux enivrent, serait le plus grand phénomène que l'imagination pût enfanter. Eh bien ! ce fut dans une position à peu près aussi extraordinaire, que ce peuple fut jeté tout entier par la répudiation brusque des lois qui l'avaient régi et des habitudes dans lesquelles il avait vécu. Que dis-je? ce fut dans une position pire encore ; car au défaut d'expérience, qui était commun à tous, se joignirent des REGRETS pour les uns et des RANCUNES pour les autres.

L'abolition qui venait d'être prononcée nécessitait un remplacement qui ne fût ni long ni difficile à trouver. Les servitudes étant abolies, tous étaient libres ; les priviléges étant détruits, tous étaient égaux. La LIBERTÉ et l'ÉGALITÉ furent donc les principes nouveaux qui furent substitués aux anciens.

Si l'on put croire, au premier aspect, que la connaissance du passé n'était pas utile pour la mise en pratique des principes nouveaux, en revanche, on devait reconnaître immédiatement que cette connaissance était indispensable pour apprécier les regrets et les rancunes et parvenir à les éteindre. Rien n'était plus propre, en effet, à détruire les regrets, ou tout au moins à les réduire au silence par la honte d'élever la voix, que l'exposé complet et fidèle de l'injustice et des abus au prix desquels les objets de ces regrets avaient été acquis, et rien n'était également plus propre à calmer les rancunes que la destruction ou le silence des regrets. Or, calmer les rancunes, c'était introduire la sagesse et la modération dans les lois nouvelles, et détruire les regrets, ou tout au moins les contraindre au silence, c'était faciliter l'exécution de ces lois en la dégageant de l'opposition que ces regrets, livrés à eux-mêmes, devaient lui susciter.

Ces grands avantages, qui découlaient les uns des autres, résultant eux-mêmes de la connaissance exacte du passé et ne pouvant se réaliser que par elle, démontrent suffisamment que cette connaissance était indispensable.

On ne mit pas ces avantages à profit, et cette faute nous fut aussi funeste qu'elle pouvait l'être; car elle nous valut le mal de ce qu'on ne fit pas et le mal de ce qu'on fit.

Au lieu de remédier aux défectuosités de l'histoire, en éclaircissant les faits du passé, afin d'en appeler à la raison publique dont le plus grand développement devenait, de jour en jour, plus nécessaire à l'application des principes que la révolution avait consacrés, on se servit au contraire de l'obscurité de ces faits pour exciter les passions qui devaient compromettre le succès de ces principes. Ne pouvant pas représenter l'ancien régime sous ses véritables traits, on le peignit comme un monstre toujours béant, et les rancunes, incessamment excitées, rendirent les regrets de plus en plus amers.

Les lois nouvelles se firent à la hâte au milieu de cette effervescence. Le peuple, pour qui elles étaient faites, aurait voulu s'y attacher qu'il ne l'aurait pas pu, il n'avait pas le temps de les connaître : à peine aurait-il eu celui de les enrégistrer par leur titre, tant elles se succédaient avec rapidité. Aussi nul ensemble, nulle idée de bien public ne se firent distinguer dans leur exécution : chacun n'y porta que ses passions et n'y chercha que le moyen de les faire triompher. La guerre étrangère et, bientôt après, la guerre intérieure vinrent mettre le comble à tous ces désordres.

Au plus fort de la confusion, il vint un moment où les regrets apitoyèrent en faveur de ceux qui les exhalaient, où les rancunes indignèrent contre ceux qui les exerçaient. Cette modification dans les esprits donna naissance à des divisions nouvelles qui avaient déjà produit leur genre de complication, lorsqu'un régime, plus humiliant à certains égards que celui qu'on venait de briser, les anéantit toutes.

Le despotisme du sabre ayant disparu à son tour, la famille que la révolution avait précipitée du trône y remonta. Aussitôt les divisions anciennes se ravivèrent. Les pères en avaient été tourmentés sous la forme matérielle et palpable d'intérêts rudement froissés qui palpitaient encore : ce fut sous la forme du sentiment et de l'opinion qu'elles agitèrent leurs enfants, et ce fut sous cette forme légère et insaisissable que l'erreur entra de toutes parts dans les esprits.

La politique, qui en fut d'abord infestée, apprit aux hommes que ce qu'ils avaient honoré ou flétri jusque alors, d'après des règles sûres puisées dans la conscience, pouvait être arbitrairement flétri ou honoré selon le caprice de leurs opinions.

Cette méthode, dont la flexible commodité s'allie à tous les écarts de l'ignorance et de l'orgueil, étant en outre favorisée par le vague et l'élasticité des principes nouveaux, par l'immense difficulté de leur saine pratique et par les fautes de tout genre qui avaient accompagné leur application, fit les progrès les plus rapides. Elle passa, de la politique, dans toutes les branches de l'entendement humain, relâchant ou brisant partout, sur son passage, liens, règles et principes, sans aucun remplacement. La législation, la morale et la justice, les sciences et les arts, tout subit les caprices de cette méthode. Il n'y eut plus de question, si élevée et si compliquée qu'elle fût, qui ne dût y être soumise.

Dès lors chacun put avoir son opinion, et, personne ne voulant rester en arrière, chacun eut la sienne toujours prête sur chaque point qui pouvait se présenter. Ne demandez pas au grand nombre de la justifier par des exemples, de l'appuyer par des préceptes ou de la rattacher à des principes : ils ne se sont pas chargés de tant de soins. Ils la disent, comme ils l'ont conçue, sans peine comme sans travail. Ils seront tout fiers si elle est approuvée; mais, si elle ne l'est pas, ils n'en auront aucun chagrin : elle ne leur a pas coûté assez de peine pour cela. Seulement, comme ils n'auront pas su la démontrer, de même ils ne sauront pas en démordre. Aussi incapables de convaincre que d'être convaincus, ils traiteront l'opinion des autres comme la leur aura été traitée, et lui présenteront la même impénétrabilité qu'ils auront trouvée pour eux-mêmes : véritable Babel, bien autrement curieuse que la première, dans laquelle les ouvriers ne s'entendaient pas parce qu'ils parlaient des langues différentes, tandisque dans celle-ci tous parlent la même langue et ne s'entendent pas mieux.

Cette licence ou plutôt cette anarchie des esprits est, sans contredit, le plus grand fléau dont un peuple puisse être frappé, non seulement parce qu'elle est incompatible avec tout gouvernement quelconque, et surtout avec un gouvernement représentatif qui ne peut vivre que d'assentiments provenus de concessions réciproques, et conséquemment d'un esprit général de conciliation, mais encore parce qu'elle a principalement pour effet de repousser, en les dénaturant, les remèdes qu'on pourrait lui opposer.

Dans ce malheur extrême, il nous reste une ressource.

Nous connaissons l'origine de cette anarchie et sa marche graduelle. Nous savons qu'elle est née de l'ignorance du passé, et nous concevons parfaitement les effets que cette ignorance a dû produire. Quand les uns ont pu redemander un passé stupide, les autres ont pu vouloir un avenir insensé : et quand les moins déraisonnables ont pu vouloir une sage rétrogradation vers le passé, d'autres ont pu réclamer une marche progressive sur l'avenir.

Ainsi l'idée d'un progrès chimérique et celle d'un avenir insensé ou, pour parler plus clairement, celle d'une république dans un grand état, sont nées en opposition des prétentions qui ont été élevées en faveur d'un passé dont les termes étaient complétement inconnus, et qui ont été soutenues, à l'aide de cette ignorance, sous le titre de prétentions monarchiques ou légitimistes.

Ainsi les prétentions monarchiques ou légitimistes sont la cause première de cette anarchie des esprits dans laquelle, prétendants et opposants, nous nous débattons tous à l'aventure.

Nous l'avons déjà dit : nos pères auraient dû nous mettre à l'abri de ce fléau; ils se seraient épargné bien des maux et nous en auraient évité de plus grands. Un exposé fidèle des faits leur eût suffi pour cela. Personne alors, n'osait nier les abus : tous reconnaissaient la nécessité d'y remédier, et l'on ne différait que sur le mode à suivre pour y parvenir. En ne remplissant pas cette tâche, ils ont rendu la nôtre incomparablement plus rude. Revenus de leur étonnement, les regrets ont mis de l'ordre dans leur action et de la régularité dans leurs mouvements. C'est derrière le principe de la légitimité qu'ils se sont retranchés, et c'est là maintenant que nous devons les aller trouver.

La vérité ne change point au gré de nos passions; et s'il est vrai que la connaissance exacte du passé dût suffire alors pour détruire les regrets, ou tout au moins pour les contraindre au silence par la honte d'élever la voix, il doit en être de même aujourd'hui nonobstant le manteau dont ils se sont couverts.

Ayant ainsi démontré qu'une grande partie de nos maux, et précisément les plus graves, pouvaient être évités par la connaissance exacte du passé, et que ce moyen est encore le plus sûr pour remédier à ces maux, j'ai suffisamment justifié la nécessité de cette connaissance.

Nous arriverons donc à l'exposition de l'ordre *social* actuel en partant de l'ordre *politique* établi dès Clovis.

Et qu'on s'effraie moins des difficultés de cette entreprise pour les temps anciens que pour l'époque actuelle. Treize cents ans ont passé depuis Clovis jusqu'à la révolution de 1789; mais, en fait d'ordre politique, ce long intervalle ne présente réellement que deux époques.

Dans la première, qui embrasse une période de six cents ans, le système féodal, né de la conquête, se développe d'abord sans opposition ; mais il ne tarde pas à éprouver, dans sa marche, des difficultés qui naissent de son application, et des attaques qui lui viennent des intérêts qu'il contrarie. Il surmonte les unes et les autres après quatre cents ans de luttes et de combats, et son triomphe était complet depuis deux cents ans, lorsqu'il fut atteint mortellement par la profonde combinaison des croisades.

Dans la seconde, qui se compose de sept cents ans, le système féodal tombe, et le régime qui doit le remplacer s'élève. Mais cette substitution, qui s'opère en fraude, ne se réalise qu'avec lenteur et ménagement. La moitié de cet espace est nécessaire pour la consommer. Et quand, au bout de trois cent cinquante ans, le système féodal est définitivement tombé, ce n'est pas un autre système qui le remplace : c'est un régime qui est le produit du hasard et du caprice, quand il n'est pas le résultat de la mauvaise foi ; c'est un amalgame monstrueux et bizarre d'usurpations et de concessions, de pouvoir absolu et d'institutions limitatives, de règles et d'exceptions, qui s'établit selon les temps et les lieux, les personnes et les circonstances. Ce régime, que nous désignerons sous le titre de ROYAL-FÉODAL, pratiqué pendant la dernière moitié de cette époque, avait reçu du temps, une sorte de consistance que l'incohérence de ses parties semblait ne pas comporter, lorsque la révolution vint mettre à découvert la fragilité de ses fondements. à 1789

Trois familles de rois se sont succédées dans ces treize cents ans. La première a régné pendant deux cent soixante-neuf ans, la seconde pendant deux cent quarante-sept ans, et la troisième, pendant huit cent deux ans, au bout duquel temps elle cessa, par l'effet de la révolution, de régner sous les anciennes conditions. de 481 à 750 à 987 à 1789

Les trois familles ont existé dans la première période, c'est-à-dire, dans le système féodal. Les deux premières finirent par la même cause : toutes deux succombèrent à la pauvreté dans laquelle elles étaient tombées par leurs prodigalités, et que la force du système féodal ne leur permit ni de réparer ni de contre-balancer. Mais toutes deux ne finirent pas de la même manière. Les rois de la première race, se roidissant contre leur situation, recoururent à toutes sortes d'attentats pour en sortir, tandis que ceux de la seconde subirent la leur avec résignation. Leurs derniers rejetons, dès long-temps éclipsés, n'étaient plus que des fantômes de rois. La couronne était à terre, ce fut là que Hugues Capet la ramassa de l'aveu de ses pairs. Son avénement eut lieu dans le moment où le système féodal était dans toute sa force. Ses descendants et lui-même surent se ployer aux exigences de ce système, tant qu'ils ne virent pas la possibilité de s'y soustraire. Les croisades leur en ayant offert le moyen, ils le saisirent avec empressement et le suivirent avec persévérance. C'est ainsi qu'ils réussirent à détruire ce système et à le remplacer par le régime monstrueux dont nous avons parlé. Nous dirons bientôt comment ils y parvinrent; mais disons d'abord quel fut le système féodal et l'ordre politique dans lequel il fut traduit

> Ici doit figurer en quelques pages l'analyse du *système féodal* et celle du régime royal féodal : ce qui nous conduira à 1789.
>
> Mais comme la nature et les effets de ce système et de ce régime ne sont établis nulle part, j'ai dû suspendre mon travail pour les décrire moi-même. En conséquence, j'ai entrepris l'histoire du système politique de la France depuis Clovis jusqu'à la révolution de 1789.
>
> Après huit ans de travaux, j'ai terminé la première partie de cette histoire, qui comprend depuis Clovis jusqu'à la croisade. Elle paraîtra, en même temps que le présent, en deux volumes in-8^b.
>
> J'espère qu'il me sera donné de terminer bientôt la seconde et dernière partie, et que, libre alors de reprendre mon travail sur l'ordre social actuel, je ne tarderai pas à le mener à fin. J'ai besoin de cette espérance pour soutenir mes forces ; car toujours de plus en plus convaincu que ce travail doit avoir la plus salutaire influence sur les destinées de mon pays, je n'aspire qu'au moment où je pourrai le publier. C'est alors que ma tâche sera remplie et que je pourrai mourir content.

L'ouvrage se composera de huit livres. L'exposition en occupera deux. Dans le premier, je retracerai rapidement les principaux événements survenus depuis 1789 jusqu'à ce jour, ainsi que les constitutions diverses qui se sont succédées dans cet intervalle.

Dans le second, qui sera divisé en trois parties, j'exposerai notre situation sur chacun des trois ordres composant notre ordre social.

Dans le troisième seront développés et prouvés les défauts et les vices qui auront été signalés dans le livre précédent.

Parvenus à ce point, il semblerait que nous devrions immédiatement passer à l'examen des modifications et des améliorations à introduire dans chacune des parties de notre ordre social : et telle serait effectivement la marche qui devrait être suivie si, d'accord sur le but, nous ne différions que par des nuances sur le choix des moyens ; mais, divisés, comme nous le sommes, par des opinions tranchées qui décident de nos vues et de nos actes en matière de politique et d'administration, et qui vont même jusqu'à faire vaciller les principes éternels de la morale, quand elles ne parviennent pas à les renverser, il faut bien, avant tout, se fixer sur le mérite de ces opinions, et reconnaître ce qu'elles ont de faux ou de solide, d'innocent ou de criminel. Cet examen fera la matière du livre quatrième.

Et attendu que, dans la manifestation et le combat de ces opinions diverses, les principes fondamentaux des sociétés ont eu à subir les plus rudes atteintes, quand ils ne sont pas tombés dans le mépris ou dans l'oubli, nous les rétablirons dans le livre cinquième.

Enfin, les sixième, septième et huitième livres exprimeront les modifications et les améliorations à introduire dans chacune des trois parties de notre ordre social.

Il n'est pas au pouvoir de l'homme d'entreprendre un

sujet plus vaste et plus difficile que celui-là. Le traiter d'une manière convenable et digne serait une gloire capable d'émouvoir les plus nobles ambitions. Je n'ai jamais aspiré si haut : j'ai toujours au contraire reconnu mon insuffisance. Dans cette situation, comme il serait injuste d'attacher à mon travail un mépris ou un ridicule qui ne doit flétrir que la vanité, c'est moins par le fait que par l'intention qu'il convient de le juger. Dominé par une conviction profonde et forte des malheurs de notre position, j'ai conçu le plan dont je viens de tracer le cadre; mais ce cadre n'en disant pas assez lui-même, j'ai dû compléter mon idée en cherchant à le remplir de la manière dont je l'avais compris. Ainsi, c'est sur le cadre seul que je fonde la prétention d'avoir fait une œuvre utile. Si je me suis trompé, ce n'est ni mon orgueil ni mon amour-propre qui en souffriront, c'est une peine de cœur que j'éprouverai; mais si je ne me suis point abusé, je ne tarderai pas à recevoir de mes peines une ample récompense; car ce n'est pas dans notre belle France, où les esprits les plus éminents abondent de toutes parts, que ce cadre pourra rester vide long-temps, et mon bonheur sera complet, si je puis aider, en quelque façon, à celui qui entreprendra la noble tâche de le remplir.

FIN.

L'avantage d'un État libre est que les revenus y sont mieux administrés ; mais, lorsqu'ils le sont plus mal, l'avantage d'un État libre est qu'il n'y a point de favoris ; mais quand cela n'est pas, et qu'au lieu des amis et des parents du prince il faut faire la fortune des amis et des parents de tous ceux qui ont part au gouvernement, tout est perdu.

Montesquieu, Grandeur et Décadence
des Romains, ch. 1.

Paris, Imprim. d'Ad. Blondeau, rue Rameau, 7, place Richelieu.